Morgen, Kinder, wird's was geben

Lieder und Gedichte zur Weihnachtszeit
gesammelt von Gerlinde Wiencirz
illustriert von Susanne Kübler

Otto Maier Verlag Ravensburg

Wenn's schneit

Wenn's schneit, wenn's schneit,
ist Weihnacht nicht mehr weit.
Dann bringt der Förster in die Stadt,
was er an grünen Tannen hat.

Wenn's schneit, wenn's schneit,
ist Weihnacht nicht mehr weit.
Dann kann man durch die Straßen gehn
und all die schönen Sachen sehn.

Wenn's schneit, wenn's schneit,
ist Weihnacht nicht mehr weit.
Dann riecht es, ach so wundersam,
nach Äpfeln und nach Marzipan.

Volksgut

Der Bratapfel

Kinder, kommt und ratet,
was im Ofen bratet!
Hört, wie's knallt und zischt.
Bald wird er aufgetischt,
der Zipfel, der Zapfel,
der Kipfel, der Kapfel,
der gelbrote Apfel.

Kinder, lauft schneller,
holt einen Teller,
holt eine Gabel!
Sperrt auf den Schnabel
für den Zipfel, den Zapfel,
den Kipfel, den Kapfel,
den goldbraunen Apfel!

Sie pusten und prusten,
sie gucken und schlucken,
sie schnalzen und schmecken,
lecken und schlecken
den Zipfel, den Zapfel,
den Kipfel, den Kapfel,
den knusprigen Apfel.

aus Bayern

Laßt uns froh und munter sein

Dann stell ich den Teller auf,
Niklaus legt gewiß was drauf.
Lustig, lustig, traleralala,
bald ist Nikolausabend da,
bald ist Nikolausabend da.

Wenn ich schlaf, dann träume ich:
Jetzt bringt Niklaus was für mich.
Lustig, lustig, traleralala,
bald ist Nikolausabend da,
bald ist Nikolausabend da.

Wenn ich aufgestanden bin,
lauf ich schnell zum Teller hin.
Lustig, lustig, traleralala,
bald ist Nikolausabend da,
bald ist Nikolausabend da.

Niklaus ist ein guter Mann,
dem man nicht g'nug danken kann.
Lustig, lustig, traleralala,
bald ist Nikolausabend da,
bald ist Nikolausabend da.

Volksgut

Knecht Ruprecht

Von drauß' vom Walde komm ich her;
ich muß euch sagen, es weihnachtet sehr!
Allüberall auf den Tannenspitzen
sah ich goldene Lichtlein sitzen;
und droben aus dem Himmelstor
sah mit großen Augen das Christkind hervor,
und wie ich so strolcht' durch den finstern Tann,
da rief's mich mit heller Stimme an:
„Knecht Ruprecht", rief es, „alter Gesell,
hebe die Beine und spute dich schnell!
Die Kerzen fangen zu brennen an,
das Himmelstor ist aufgetan,
Alt' und Junge sollen nun
von der Jagd des Lebens einmal ruhn;
und morgen flieg ich hinab zur Erden,
denn es soll wieder Weihnachten werden!"
Ich sprach: „O lieber Herre Christ,
meine Reise fast zu Ende ist;
ich soll nur noch in diese Stadt,
wo's eitel gute Kinder hat."
– „Hast denn das Säcklein auch bei dir?"
Ich sprach: „Das Säcklein, das ist hier:
denn Äpfel, Nuß und Mandelkern
essen fromme Kinder gern."
– „Hast denn die Rute auch bei dir?"
Ich sprach: „Die Rute, die ist hier:
doch für die Kinder nur, die schlechten,
die trifft sie auf den Teil, den rechten."
Christkindlein sprach: „So ist es recht;
so geh mit Gott, mein treuer Knecht!"
Von drauß' vom Walde komm ich her;
ich muß euch sagen, es weihnachtet sehr!
Nun sprecht, wie ich's hier innen find!
Sind's gute Kind, sind's böse Kind?

Theodor Storm

In meinem kleinen Apfel

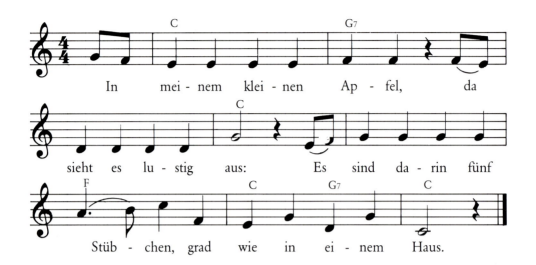

In jedem Stübchen wohnen
vier Kernlein rund und fein.
Sie liegen da und träumen
vom lieben Sonnenschein.

Sie träumen auch noch weiter
wohl einen schönen Traum,
wenn sie einst werden hängen
am schönen Weihnachtsbaum.

Volksgut

Hansl heiß ich

„Hansl heiß ich,
Nüsse beiß ich,
Hab' ich aber mich beflissen,
Euch ein Dutzend aufgebissen,
Gebt mir zum Lohn
Ein paar davon!"

Franz Graf von Pocci

Nun knetet den Teig

Nun fegt die Ecken und Winkel rein,
Und stellt die grüne Tanne hinein,
Knecht Ruprecht steht vor dem Hause.

Hängt Äpfel, Nüsse und Kerzen dran,
Daß uns Knecht Ruprecht sie anzünden kann,
Knecht Ruprecht zündet die Kerzen.

Text: Karola Wilke
Melodie: Hans Helmut

Lieber guter Nikolas,
bring den kleinen Kindern was.
Die großen läßt du laufen,
die können sich was kaufen.

Lieber, lieber Nikolaus, zart,
haben schon lange auf dich gewart.
Will auf Vater und Mutter hören,
mußt mir nur was Gutes bescheren.

Nikolaus, du guter Gast,
hast du mir was mitgebracht?
Hast du was, so setz dich nieder,
hast du nichts, dann geh nur wieder.

Kinderreime

Der Pfefferkuchenmann

Er ist nicht mal aus Afrika
und doch so braungebrannt.
Wo kommt er her? Ich dacht mirs ja:
aus Pfefferkuchenland!
Hat Augen von Korinthen
und Mandeln drum und dran.
Wie schön ihn alle finden –
den Pfefferkuchenmann!

Er freut sich auf den Weihnachtsbaum,
da möcht er drunterstehn.
Den Lichterglanz – er glaubt es kaum –,
den will er sich besehn,
mit Augen von Korinthen
und Mandeln drum und dran.
Wie herrlich wird er's finden –
der Pfefferkuchenmann!

Wär ich nur nicht solch Leckerschnut
und könnte widerstehn,
dann wär ja alles schön und gut,
wär alles gut und schön.
Wie wohl Korinthen schmecken?
Sind Mandeln ein Genuß?
Ich will ganz schnell mal lecken
am süßen Zuckerguß.

Und steht der Baum im Kerzenlicht,
und ist es dann soweit –
da fehlt doch wer, der sieht das nicht;
nun tuts mir selber leid.
Vernascht sind die Korinthen,
die Mandeln drum und dran…
Er ist nicht mehr zu finden –
der Pfefferkuchenmann.

Erika Engel

O Tannenbaum

O Tannenbaum, o Tannenbaum,
du kannst mir sehr gefallen.
Wie oft hat nicht zur Weihnachtszeit
ein Baum von dir mich hocherfreut.
O Tannenbaum, o Tannenbaum,
du kannst mir sehr gefallen.

O Tannenbaum, o Tannenbaum,
dein Kleid will mich was lehren:
Die Hoffnung und Beständigkeit
gibt Trost und Kraft zu jeder Zeit.
O Tannenbaum, o Tannenbaum,
dein Kleid will mich was lehren.

Text: J. A. Zarnack und E. Anschütz
Melodie: Volksgut

Vom Christkind

Denkt euch – ich habe das Christkind gesehn!
Es kam aus dem Wald, das Mützchen voll Schnee,
mit rotgefrorenem Näschen,
die kleinen Hände taten ihm weh;
denn es trug einen Sack, der war gar schwer,
schleppte und polterte hinter ihm her. –
Was drin war, möchtet ihr wissen?
Ihr Naseweis, ihr Schelmenpack –
meint ihr, er wäre offen, der Sack?
Zugebunden bis oben hin!
Doch war gewiß was Schönes drin:
es roch so nach Äpfeln und Nüssen!

Anna Ritter

Morgen, Kinder, wird's was geben

Mor - gen, Kin - der, wird's was ge - ben,
Welch ein Ju - bel, welch ein Le - ben
mor - gen wer - den wir uns freun! Ein - mal werden
wird in un - serm Hau - se sein!
wir noch wach, hei - ßa, dann ist Weih - nachts - tag!

Wie wird dann die Stube glänzen
von der großen Lichterzahl!
Schöner als bei frohen Tänzen
ein geputzter Kronensaal.
Wißt ihr noch, wie vor'ges Jahr
es am Heil'gen Abend war?

Wißt ihr noch mein Räderpferdchen
Malchens nette Schäferin,
Jettchens Küche mit dem Herdchen
und dem blankgeputzten Zinn?
Heinrichs bunten Harlekin
mit der gelben Violin?

Welch ein schöner Tag ist morgen!
Neue Freude hoffen wir.
Unsere guten Eltern sorgen
lange, lange schon dafür.
O gewiß, wer sie nicht ehrt,
ist der ganzen Lust nicht wert!

Text: Karl F. Splittegarb
Melodie: Volksgut

Weihnachtslied vom Eselchen

Ich bin ein Esel, alt und schwach,
I-a,
ich habe in der Heiligen Nacht
im Stall von Bethlehem gewacht
und manchmal leis i-a gemacht,
I-a.

Ich war ganz still, wie sichs gehört,
I-a,
nur manchmal schlug ich mit dem Steert.
Und bei mir standen Ochs und Pferd
und auch drei Könige, hochgelehrt,
I-a.

Das Christkind war so sonderbar,
I-a,
es zupfte mich an Bart und Haar,
und einmal rupfte es sogar
am Bart vom König Balthasar,
I-a.

Dem Joseph, dem gefällt das nicht,
I-a,
mit ernstem Zimmermannsgesicht
sieht er das Kindlein an und spricht:
„An Königsbärten zupft man nicht!"
I-a.

Jedoch Maria, seine Frau,
I-a,
die sagte: „Lieber Joseph, schau,
nimms mit dem Kind nicht so genau,
es ist ja noch nicht groß und schlau!"
I-a.

Und auch die Könige, alle drei,
I-a,
die fanden wirklich nichts dabei
und schenkten Myrrhe und Salbei
und rotes Gold dem Kind im Heu,
I-a.

Sie lachten alle drei im Chor,
I-a,
der Balthasar, der Melchior
und Caspar auch (das war ein Mohr),
der kam mir etwas dunkel vor,
I-a.

Ich bin ein Esel, alt und schwach,
I-a,
ich habe in der Heiligen Nacht
im Stall von Bethlehem gewacht
und manchmal leis i-a gemacht,
I-a!

James Krüss

Was soll das bedeuten

Was soll das bedeuten? Es taget ja schon;
ich weiß wohl, es geht erst um Mitternacht rum.
Schaut nur daher! Schaut nur daher!
Wie glänzen die Sternlein je länger je mehr.

Treibt zusammen, treibt zusammen, die Schäflein fürbaß!
Treibt zusammen, treibt zusammen, dann zeig ich euch was.
Dort in dem Stall, dort in dem Stall,
werd't Wunderding sehen, treibt zusammen einmal.

Ich hab nur ein wenig von weitem geguckt,
da hat mir mein Herz schon vor Freude gehupft:
ein schönes Kind, ein schönes Kind,
liegt dort in der Krippe bei Esel und Rind.

aus Schlesien

Alle Jahre wieder

Al - le Jah - re wie - der kommt das Chri - stus - kind
auf die Er - de nie - der, wo wir Menschen sind.

Kehrt mit seinem Segen ein in jedes Haus,
geht auf allen Wegen mit uns ein und aus.

Ist auch mir zur Seite, still und unerkannt,
daß es treu mich leite an der lieben Hand.

Volksgut

Die drei Könige

Wir kommen daher ohn allen Spott,
ein schön guten Abend gebe euch Gott.
Wir grüßen dies Haus und wünschen euch allen
von Herzen das göttliche Wohlgefallen.

Gott möge uns allen Gesundheit verleihen,
dem Vieh und den Saaten gutes Gedeihen.
Christus möge im Hause wohnen,
für jede Wohltat euch reich belohnen.

Er segne das Haus und die da gehen ein und aus.
Die Liebe sei mächtig, der Herr soll euch führen,
das schreiben wir heut auf die Schwellen und Türen.

Die Gabe vergelte der gütige Gott
mit langem Leben und gutem Tod.
Er schenke euch ein gesegnetes Neues Jahr.
Das wünschen Caspar, Melchior und Balthasar.

Volksgut

Quellenangabe:
Der Pfefferkuchenmann von Erika Engel, aus „Die Wundertüte"
Kinderbuchverlag, Berlin
Wir haben uns bemüht, von allen Beiträgen die Quellen herauszufinden.
Falls noch Urheberrechte bestehen, die wir nicht ermitteln konnten,
bitten wir die Rechtsinhaber, sich mit dem Verlag in Verbindung zu setzen.

3   4   5   88 87 86

© 1985 Otto Maier Verlag Ravensburg
Umschlaggestaltung: Kirsch & Korn, Tettnang,
unter Verwendung des Originalbildes von Susanne Kübler
Redaktion: Gerlinde Wiencirz
Printed in Italy · ISBN 3-473-33682-3